QUÉ HACER PARA QUE TU VISITA AL MÉDICO SEA 100% EFECTIVA

Prepárate para el gran encuentro con tu médico y con esta guía obtén el mayor beneficio para tu salud

YUSBETH C. MORALES OBANDO

Nota a mis lectores: este libro contiene las opiniones e ideas de su autor. Su intención es ofrecer un material útil, práctico, didáctico e informativo sobre el tema tratado. La estrategia sugerida puede no ser la más apropiada para muchos individuos y no se garantiza que produzca el mismo resultado en particular, pero la intención es ayudar y facilitar el día a día a cada uno de ustedes.

Primera edición digital: Marzo 2020

Yusbeth C. Morales Obando

yusbethmorales@gmail.com

CONTENIDO

INTRODUCCIÓN

Te ha pasado que has ido a una Consulta Médica y al salir se da cuenta que no le dijo exactamente lo que le dolía? ó sintió que perdió el tiempo?

Te tengo la solución para que logres que tu visita al médico sea 100% efectiva!!!

Y es que con frecuencia sucede que cuando asistes a una consulta especialmente a las consultas programadas, es decir previa cita, en el momento de la consulta cuando estás frente al médico, todo, pero absolutamente todo se te olvida, desde el nombre completo porque hasta lo dudas, la fecha exacta de tu nacimiento o la de tu hijo y ni hablar cuando te preguntan que "día es hoy" como interrogatorio para indagar si está ubicado en tiempo y espacio. Te quedas en cero. Sí, se te olvida, y no es que no lo sepas, es que en ese momento todo es difícil de recordar y más si la cara del doctor te produce más terror que la última película de suspenso

Quizás esto te dará risa porque te ha sucedido a ti o a algún familiar o estarás diciendo, ah.. Qué exageración! , pero es que esto sucede más común de lo que tú crees.

Otra situación es, si asistes a la consulta con un familiar donde tu eres quien ha estado a su lado por mucho tiempo, durante la consulta el paciente ni se mueve, una estatua viviente, casi que ni respira como para hacerse invisible y que el acompañante, es decir tú, sea quien responda todo lo más mínimo que uno como médico debe preguntar.

Les cuento un secreto?. Eso me ocurría con mi mama. Generalmente yo la acompañaba a sus consultas y ella llegaba y se sentaba y cuando el medico empezaba a preguntarle del por qué fue a la consulta ella me miraba, esperando que yo hablara por ella. Y yo?, callada. Debía moverle la cabeza como diciéndole hable usted, dile a qué vino.

Ah otro detalle es cuando le preguntaban qué medicamentos tomaba, ahí se le venía el mundo encima porque se le olvidaba todo a pesar de que ella es muy buena paciente y esta siempre pendiente de sus medicamentos, de los horarios y de la cantidad que tiene para que no le fallen, se bloqueaba y la angustia le generaba tanta angustia que se le descontrolaba la tensión arterial.

Es ahí cuando .. zas! .. llega mi turno, y hablo yo. Entonces al dar la información más exacta e inevitablemente con términos médicos imaginan que estoy en el área de la salud, que en lo personal prefiero no lo sepan porque cambia el clima de la consulta y se hace más fluida para el medico porque hablamos ya en otros términos, pero mama queda en blanco y confiada de que yo le voy a explicar todo al salir de la consulta.

Y esto nos pasa a todos. Los bloqueos durante la consulta que no permiten poder contar a lo que se fue a la consulta o recordar todo lo que el medico dijo.

De aquí nace mi deseo de hacerles llegar esta información para orientarlos, para hacer una consulta más fluida, más abierta donde le puedas dar con lujos y detalles toda la información del por qué fuiste a esa consulta, porque otro escenario es que después de la consulta al llegar a la casa es cuando se empiezas a decir cosas como: huy no le dije que también me dolía la pierna derecha, eso que lo tenía tan presente en decirle; o ahora que recuerdo ese dolor lo tengo desde hace más tiempo atrás que lo que le dije al doctor.

Entonces, mi intención es ayudarte para que acudas a ese encuentro con la mayor expectativa de que tu problema a de salud será resuelto gracias a la información que darás y a la vez estarás más relajado y sin tensiones. Será tu mejor encuentro con tu súper amigo en salud!.

Hoy le comento que a través de esta guía práctica usted podrá hacer un esquema sencillo antes de ir a su consulta donde registre todos los detalles que le voy a compartir, y así usted podrá obtener más provecho de su consulta médica.

Esto en resumen, no es más que las respuestas al interrogatorio que uno como médico realiza para obtener la mayor información acerca del síntoma por el que fuiste a la consulta médica, y así poder llegar a un diagnóstico y por consiguiente poder orientar con éxito el tratamiento adecuado y los estudios complementarios en caso necesario.

Una noche le pregunte a mi mamá. Mamá cuando usted fue a la consulta de tal día y con tal doctor como se sintió en la consulta? y que le pareció el resultado esa cita?. Para mi mayor sorpresa me dijo: me sentí incomoda con todo lo que me preguntó a tal punto que me asuste cuando me pregunto que día era ese y no lo recordaba. Sentí que habíamos perdido la ida.

Aclaro que para ella ese no fue el único día que se sintió así en una consulta. Recuerdo que años atrás en una oportunidad con otro médico, salió de la consulta tan preocupada porque desde el interrogatorio se bloqueó tanto que cuando salió no recordaba ni cómo debía regresar a casa. Ese día fue sola a esa consulta.

Días después de habíamos ido otra consulta de otra especialidad, ya recientemente y también le pregunte, como se sintió con este otro doctor? (para esta consulta ya la había preparado con los datos tal cual les voy a contar más adelante) y me dijo: Ah! Totalmente diferente. Me gustó mucho como me atendieron. Le pude decir al doctor todo lo que había practicado en decirle, y el rápidamente tomo la idea del porque me habían referido a donde él. Y claro gracias a eso observe que me mando a repetir los exámenes para confirmar los resultados y me pidió el otro estudio. Agregó, y en esta oportunidad si me examinaron completa a pesar de que era la última, era muy tarde y que el doctor estaba sin almorzar. Incluso me dijo, si hubiese una manera de hacerle llegar mis felicitaciones y agradecimiento para hagan eso con todos los pacientes, seria fabuloso.

Me dije: ÉXITO!!!! ESTO FUNCIONA PARA TODOS!

Entonces vamos a compartirlo, para que empiecen a aplicarlo y así ayudar tanto a todos los pacientes como a mis queridos colegas.

Vamos a dividir todo el proceso en tres fases: antes, durante y después de la consulta.

Empezamos?

 Siga usted adelante a mi consulta, siéntese, póngase cómodo y hablemos.

Estas listo?....

PRIMER PASO

MI PREPARACION ANTES DE LA CONSULTA

Durante este periodo de tiempo que comprende desde el momento de la decisión de solicitar la consulta, el decir,… Sí ya!.. Debo ir a una consulta médica!.. hasta el momento de estar frente al médico, es un transcurso de tiempo muy, pero muy valioso.

Por eso, si te puedes organizar para nuestro momento de 45 min – 1 hora de consulta que es poco usual este tiempo porque en varios países ya las consultas médicas por la alta demanda de pacientes duran entre 20 min y 25 min como máximo, y que en realidad se considera que es un tiempo demasiado corto para un interrogatorio, examen físico y medicación, imagínense como le podremos sacar más provecho a la consulta, tanto para usted como paciente, como también para su médico si ya vamos preparados.

Cuando menciono al médico, es porque en mi ejercicio laboral he observado que en ocasiones el tiempo dedicado al interrogatorio del motivo de la consulta se alarga tanto que cubre la totalidad de los 20 minutos.

Les puedo mencionar que en varias oportunidades el paciente llega y no puede precisar detalles de su síntoma.

Ejemplo:

- Señor Pacho, que lo trajo hoy por acá, en que lo podemos ayudar?
- El paciente contesta: doctor(a) tengo un dolor que no sé cómo explicarle .. o habla el familiar y dice es que le duelen los riñones.

Después de precisarle bien cuál es su síntoma, del por qué fue a la consulta, pasa lo siguiente:

- Señor Pacho, desde cuando tiene ese dolor? - cuando le comenzó?
- Él contesta: uff!…desde hace tiempo .. ó .. dice: no me acuerdo doctor(a)

Después de llegar a concretar que considera el "hace tiempo".. si fueron 2 semanas o 6 meses e incluso años, porque hay casos de casos y no estoy exagerando, ésta última situación que es más común de lo que imaginan, el paciente empieza a contar acerca de su estado de salud con un gran relato tipo novela de historia de "amor y pasión" que va desde años atrás con los mas mínimos detalles que ustedes ni se podrán imaginar.

Por ejemplo, hablan de la buena familia que era el médico que lo vio 10 años atrás y hacen el recorrido hasta el momento actual, el cual nunca llega por lo interminable del cuento con lujos y detalles, y uno empieza a tratar de acortar y canalizar el interrogatorio en el área médica y este vuelve con los más mínimos detalles.

Otro ejemplo:

•Señor Pacho, que lo trajo hoy por acá, en que lo podemos ayudar?

•El paciente contesta: doctora tengo un dolor en la boca del estómago (en algunos países le llaman así popularmente al dolor a nivel de epigastrio que está ubicado en la parte superior del abdomen inmediatamente debajo del tórax y que corresponde al lugar donde inicia el estómago) y ese dolor me empezó hace muchos años, y me llevaron a donde el doctor Chucho que en paz descanse porque se murió hace 5 años de un problema respiratorio porque fumaba mucho, era un señor alto elegante, muy gentil, caballeroso. Doctora ese doctor en la consulta era especial. Tenía muchos pacientes, el consultorio era mucho más grande que esto y su secretaria ni hablar, era muy amable con los pacientes. Bueno ese doctor me vio como 3 veces y con lo que me medicaba me quitaba ese dolor, pero como se murió tuve que ir a donde otro doctor que no recuerdo el nombre que estaba en la clínica esa que esta allá frente a la plaza donde hay muchos árboles de almendros. Bueno esa plaza no sé si aún este ahí, pero era muy bonita, ahí uno se sentaba a esperar que le tocara el turno. Bueno en ese sitio había un doctor que me mando a hacer un estudio y no me lo pude hacer porque paso el tiempo y se nos olvidó y yo me mejoré. Pero ya tengo un tiempo, mucho tiempo que a veces tengo el dolor y otras veces no. Por lo menos ahora no siento nada. Pero es que la hija, la pobre que le toca todo en la casa….etc.. etc..

De esta manera pasan y pasan los minutos e incluso todo el tiempo de la consulta y el señor narrando su recorrido altamente descriptivo.

Si tuviésemos mucho tiempo este tipo de conversación hasta se torna interesante. Pero solo tenemos 20-25 minutos.

Ah! Y ni contar cuando se va toda la familia a la consulta a acompañar el paciente. De eso hablamos en otra oportunidad.

Sigamos…

Es importante que tengas en cuenta que entre más concreta, especifica y detallada sea la información que le aportes al médico más rápido y/o más exacta es la impresión diagnostica y las decisiones o las referencias para los siguientes pruebas diagnósticas.

Y es que no es que este diciendo que no se pueda hablar de otras cosas pero como dicen popularmente, tratemos de ir, a lo que fuimos!. Evitemos entrar en conversaciones profundas de las últimas súper noticias de moda o del cambio climático, etc., para no salirnos del enfoque. Recuerda que este tiempo es oro.

Te tengo una buena noticia, y es que nosotros como médicos, como para cualquier otro experto en salud con la información que usted nos aporte en el interrogatorio de las características de su síntoma o molestia de salud, ésta equivale a más de un 60% de orientación para hacer un buen diagnóstico presuntivo.

Cuando digo presuntivo es porque está basado en una suposición razonable, en donde se registran los síntomas que declara el paciente y a eso le sumamos los signos y datos pertinentes que el medico obtiene durante el examen médico, para después con los estudios confirmar exitosamente ese diagnóstico previamente pensado.

Así que lo que usted diga o aporte durante ese encuentro es vital y usted será el más beneficiado porque en la mayoría de las consultas el tratamiento inmediatamente se indica.

Entonces que debe hacer en este lapso de tiempo antes de la consulta médica?

El objetivo de esta guía es eso precisamente. Yo le recomiendo que haga lo que varios de mis pacientes han hecho y me llevan a la consulta, y que me parece fabuloso, 100% efectivo y donde yo o el medico podemos ir enfocándole u orientándole o aclarando sus síntomas uno por uno agrupándolos en una enfermedad o síndrome. (Síndrome es el conjunto de síntomas que se presentan juntos y son característicos de una enfermedad o de un cuadro patológico determinado)

De manera que lo que vas a hacer es llevar todo, absolutamente todo.. **<u>Escrito en un papel.</u>**

Sí, todo anotadito.

Pero que vas a escribir?..

..... ya te lo desglosare en las siguientes páginas.

Este método lo considero práctico y completo para poder informarle al médico sus motivos de consulta, como decimos habitualmente, con lujos y detalles.

Ah! Pero no en forma de novela.

Puede pasar que varios de sus síntomas se pueden relacionar y el paciente los toma como un hecho aislado y dicen que tienen muchas, muchas enfermedades a la vez, cuando en realidad es una sola.

Un ejemplo es en el caso de los pacientes con fibromialgia, donde el paciente entre sus variados síntomas y comúnmente presenta dolores en varias partes del cuerpo, además alteraciones del sueño, alteraciones del estado anímico, entre otros; y ellos asumen que tienen algo en la columna, algo en el tobillo, algo en la cabeza, algo en el dedo pulgar de la mano izquierda, que tienen algo en la sangre porque tienen mucho cansancio, etc., etc., y así sucesivamente, cuando todo está relacionado a una sola patología, la fibromialgia.

Entonces…..Que van a escribir?

Preferiblemente hagan esto el día que tomen la decisión de ir a la consulta.

Van a hacer un esquema donde coloquen primero el motivo que lo llevo a tomar la decisión de solicitar la consulta, es decir el síntoma. Aclarando que un síntoma es todo aquello que usted siente, lo que te duele, lo que te molesta, lo que percibes diferente en tu cuerpo. Por ejemplo un dolor a nivel abdominal, un mareo, un dolor de oído, que estás viendo borroso, que estas orinando más frecuente de lo normal, que te sentiste una pelotica en el seno, etc. Entonces es la señal de lo que le está ocurriendo en su cuerpo. Debes tener eso claro.

Ya un signo es lo que se ve, por ejemplo una mancha o lesión de piel. Es algo más confirmado con la vista, con la observación y esto generalmente ya es más del médico.

Algo que te recomiendo es que cuando empieces a hacer esto haga un recorrido desde la cabeza hacia los pies y así no se te escapará ninguna molestia de salud, y por último revisas como está tu sueño, tu apetito, tu peso, ritmo evacuatorio, cabello, estado de ánimo, ciclos menstruales y vitalidad sexual, entre otros.

Toma una hoja limpia sin ralladuras o tachaduras, porque en ocasiones me han llevado en papeles con más información y no logran visualizar bien lo que escribieron o donde lo escribieron.

Registras lo que van a decirle al médico que sientes, del por qué usted solicito la consulta. Después lo va a desglosar agregando los detalles como veras abajo en el siguiente esquema.

En caso de un dolor van a desglosar:

- **Fecha de inicio del síntoma**: si recuerda la fecha mejor, puede usar fechas importantes de referencia, como después de navidad, y si no recuerda cuando inició entonces pregúntate si para el mes anterior ya lo sentías, o para los últimos cumpleaños que celebraron en la familia si ya lo tenías o no.
  Esto es de gran ayuda para el diagnóstico debido a que las enfermedades con síntomas agudos, es decir los más recientes, lo

que tienen menos de una semana, son totalmente diferentes a las enfermedades que cursan con síntomas crónicos, es decir de meses o incluso hasta de años.

- **Tipo de dolor**: Acá nosotros preguntamos el tipo del dolor. Si es tipo molestia, ardor, quemante, si es continuo o tipo cólico que es como un pellizco que aparece y desaparece, si es tipo pinchazo, si es sensación de hormigueo o adormecimiento, en otras oportunidades está el dolor sordo que es difícil de describir pero está ahí.

  Usted es quien puede describir como lo percibes o sientes y de igual forma eres el único que lo puedes describir.

- **Intensidad del dolor:** no es fácil medir el dolor. Usualmente se utiliza la escala del 0 al 10. En la que el 0 es la ausencia de dolor y el 10 es el dolor con una intensidad muy alta que es difícil de tolerar, desesperante.

  Aunque esta escala varía de persona a persona por el umbral del dolor que difiere en cada individuo, pero nos permite tener una idea de la intensidad del dolor que padeces.

  Entonces por ejemplo si tu dolor de hombro es tolerable pero a la vez te incomoda y consideras que esta entre un 5 y 6, entonces lo registras con esos números, pero si consideras que es un 10 ya la conducta y el tratamiento cambian automáticamente.

- **Duración del dolor y periodicidad**: acá informas si es continuo, intermitente, pulsátil, o aparece por episodios tipo crisis y si estas duran pocos minutos o no. Cuanto duran. Cada cuanto se presentan. Ejemplo. Me da el dolor de cabeza 2 a 3 veces por semana pero cada vez que lo tengo me dura 2 horas.

- **Localización del dolor:** es importantísimo conocer la ubicación exacta en el cuerpo y si este se refleja o se expande a otras zonas de tu cuerpo. Si puedes señalar la ubicación con un dedo así como el recorrido, mucho mejor.

  Es común que el paciente mencione, me duelen los riñones y se tocan en las caderas. No le coloques diagnósticos a tu síntoma. Déjale eso al médico. Solo di exactamente donde es tu dolor y hacia donde se extiende o dirige.

- **Registro de mejoría o agravamiento.** Registra con qué te mejoras o con qué desaparece y/o con que se te agrava el síntoma.

  Si aumenta o disminuye cuando estas en reposo, en movimiento, si caminas, si te acuestas, cuando te levantas, o cuando comes, cuando toses, en el día, en la noche, etc.

  Al igual si mejora con algún medicamento que haya recibido, por cuanto tiempo mejora y con qué dosificación.

- **Presencia de otros síntomas asociados a este:** ejemplo presencia de vómitos, nauseas, tos, mareos, visión borrosa, etc.

  Todo aquello que se te presente cuando tengas el síntoma activo. Ejemplo en el caso de las migrañas, si tienes nauseas, vómitos, visión borrosa, mareos, etc.

Ejemplo de Esquema general

- Motivo de la consulta
- Fecha de inicio de los primeros síntomas
- Tipo de dolor   Intensidad del dolor
  Escala: 0 - 1 - 2 - 3 - 4 - 5 - 6 - 7 - 8 - 9 - 10

  Marcar con un círculo el número con el cual te identifiques.

  0 sin dolor - 10 dolor difícil de tolerar

- Duración
- Localización
- Atenuantes (mejoría)
- Agravantes
- Otros síntomas asociados

Adicional si durante el tiempo que tienes el síntoma has observado algún cambio en los siguientes patrones:

- Sueño
  Dificultad para conciliar el sueño? Poco o mucho sueño?
- Apetito
  Nada de apetito? Disminución o aumento del apetito?
- Peso

Disminución de peso?   Aumento de peso?

- Ritmo evacuatorio
  Aumento de las evacuaciones por día?   Ausencia de evacuaciones
  por días? Cuantos días?
- Cabello
  Caída del cabello?
- Estado de ánimo
  Depresión? Llanto fácil?   Angustia?
- Ciclos menstruales
  Regulares? Irregulares?   Sangrado abundante?   Sangrado escaso?
- Vitalidad sexual
  Cambios en la frecuencia? Cambios en cada eyaculación?
- Otros

Si presentas varios síntomas o molestias de salud, les recomiendo que hagan el mismo desglose con cada una de ellas.

En el caso de tener mareos, náuseas, vómitos, tos, diarreas, o cualquier otro síntoma, también pueden aplicar el esquema anterior, solo que si cuantificas la cantidad en el día y sus características.

Un ejemplo sencillo: una diarrea crónica de 2 meses con evacuaciones que iniciaron blandas 3 veces por día de color marrón sin cólicos y en el transcurso del mes aumentaron a 6 por día liquidas de color amarillento, escasa cantidad por episodio, con moco y dolor tipo cólico posterior la ingestión de alimentos. Nauseas ocasionales. Poco apetito.

- Motivo de la consulta: Diarrea o evacuaciones liquidas
- Fecha de inicio: Viernes 5 de agosto – tiene 2 meses (después del cumpleaños del hijo de mi vecina)
- Frecuencia durante el día: Al inicio 3 veces por días. En los últimos 4 días: 6 por día
- Características de las evacuaciones Al inicio: Blandas - color marrón sin cólicos. Actualmente liquidas.
- Actualmente: liquidas de color amarillento, escasa cantidad por episodio, con moco y dolor tipo cólico posterior la ingestión de alimentos.

- Mejoría o agravamiento: Mejora cuando solo ingiere líquidos
- Otros síntomas asociados: Nauseas en los últimos días. Poco apetito.

Como observan es lo mismo que se describió pero en esquema. Así que al doctor se lo pueden leer o comentar y si no recuerda algún detalle, entonces acuden a la hoja.

Como ven nada complicado pero si de mucha ayuda. Valiosa ayuda.

Ah! Algo que acabo de recordar, en el caso de las madres que tienen sus niños bajo cuidados de otras personas como en el caso de las guarderías, o que estando en clase por ejemplo, presentan vómitos o se sienten mal y llaman al representante, viene este y lo retira del aula y del colegio y se lo llevan a un servicio de urgencias. Por favor pídale esta información al maestro o a la cuidadora, porque llegan a la urgencia y cuando se le empieza a preguntar desde que hora está vomitando, ups!.. no saben nada, y zas! Teléfono y teléfono y la maestra nada que contesta porque precisamente ese día se quedó descargada la batería de su celular. Lo idcal es que también les enseñen todo esto.

Si usted amigo lector es docente o tiene a cargo personal, por favor tenga en cuenta estos detalles y escríbaselo y déselo al representante o al familiar en el momento que le entregan el niño. Esto podría salvarle la vida.

En el caso de la fiebre, igual. Este es un ejemplo:

- Motivo de la consulta: Fiebre
- Fecha de inicio: Viernes 5 de agosto – tiene 3 días con fiebre
- Frecuencia de la fiebre durante el día: Cada 8 horas
- Temperatura: Registro de algunas temperaturas

  Día 6 Agosto – 10pm - temp: 38,2°C

  Día 7 Agosto – 4 am – temp: 39,3°C

- Duración de la fiebre
  Cuando presenta la fiebre le damos el medicamento + baño con agua tibia y le dura 2 horas para descenderle
- Mejoría o agravamiento
  Recibió el medicamento XXXX   en jarabe. 3 ml cada 6 horas.   Ya presenta temperaturas menores de 39°C desde hoy

- Otros síntomas asociados
  Come poco – orina poco

Como puedes apreciar es esquematizar la información para que esta sea más fácil de recordar.

Otro dato a tomar en cuenta es llevar a la consulta un listado de los medicamentos que normalmente recibe, presentación y dosis en cada toma, y si es alérgico a algo. Esto en especial para los pacientes con diagnósticos de patologías crónicas como Hipertensión, Diabetes, Osteoporosis, Discopatías, Parkinson, Enfermedades neurológicas, degenerativas, enfermedades con alteraciones hormonales, etc., importante sobre todo si el médico no tiene la historia anterior del paciente y desconozca sus anteriores patologías y tratamientos. Esto es importante debido a que el nuevo tratamiento a ser indicado pueda estar contraindicado con cualquiera de los que ya esté recibiendo.

Se les pregunta que está usted tomando de medicamentos? y no recuerdan los nombres, ni cómo se los toma y mucho menos las presentaciones. Dicen: la cajita es verde con blanco y empieza por "T".

Un ejemplo puede ser el de un paciente que recibe medicación 4 veces al día: (no especificare nombres de medicamentos). Pueden especificar también la hora.

HORARIO: Mañana – tarde – noche

MEDICAMENTO: Nombre del medicamento

PRESENTACION: Tabletas-capsulas-gotas-jarabe, etc

DOSIS QUE RECIBE EN cc – mg – unidades, etc.

HORARIO

- **MAÑANA:** Ayunas hora:6:30 am

Medicamento 1 (NOMBRE) 1 Tableta de ## mcg

Desayuno hora: 8am

Medicamento 2 (NOMBRE) 1 Tableta de ## mgs

Medicamento 3 (NOMBRE) 1 Tableta de ## mgs

- **TARDE**

Almuerzo hora: 12:30 pm

Medicamento 4 (NOMBRE) 1 Capsula de ## mgs

Hora 5 pm

Medicamento 5 (NOMBRE) 1 Capsula de ## mgs

- **NOCHE**

Cena   hora: 7pm

Medicamento 6 (NOMBRE) 1 Capsula de ## mgs

Medicamento 7 (NOMBRE)   inyección   ## unidades

Fíjate que no es complejo tener esto listo y mostrarlo en el momento que lo soliciten a estar pensando e incluso llamar a lolita que quedo en la casa para que busque y nos dé el nombre del medicamento y la presentación, porque esto nos resta tiempo en la consulta.

Si ya has asistido a una consulta con ese mismo doctor y va a un control ya sea a llevar resultados o a avisar de su evolución, entonces te sugiero que hagas el mismo cuestionario anterior pero haciendo énfasis si has mejorado o no en relación a la última consulta, que síntomas han disminuido, incluso lo puedes relacionar con la escala del 0 al 10. Por ejemplo, cuando acudí a la consulta anterior me dolía la rodilla derecha en una escala de 7, siempre tenía el dolor y era algo intenso y me llegaba a la raíz del muslo y ahora con el tratamiento ya lo siento en 3, es más leve y no me incomoda para caminar, y es solo en la rodilla.

También es interesante que hagas énfasis si con algún medicamento tienes más mejoría es todo lo contrario. Ejemplo: "doctor yo siento que ese medicamento a las 8 pm no me alivia nada. El dolor sigue igual. Pero el que tomo en la mañana si me lo quita por completo".

Lo importante de esto es que ya lleves identificado como ha sido tu evolución para evaluar si estas mejorando o se han venido presentando complicaciones y hay que cambiar de conducta médica. Recuerda tu eres el primer beneficiado. Es tu Salud.

Y por último si tienes algún examen médico reciente o anterior es lo ideal tenerlo preparado para llevarlo a la consulta. Colócalo en una carpeta o en un sobre a la mano para que el día de la consulta lo lleves. Y si eres de los que se te olvidan las cosas coloca un recordatorio en tu celular o un aviso sobre la mesa que más frecuentas.

Sé también que hay muchos pacientes que son así de ordenados si no es más, y son muy cuidadosos con estos detalles al ir a la consulta, a ellos los felicito de corazón y les agradezco porque de ellos es que he tomado este consejo de que escriban todo lo que deseen contarle al médico.

Ya tienes todo listo?

Entonces .. Seguimos!

SEGUNDO PASO

LLEGÓ EL MOMENTO: LA CONSULTA MÉDICA

Y… Llego el día de la cita!

Es común que suceda que ese día es el más complicado para todos y más para el tiene la consulta.

Quizás te ha pasado, que si tú eres el paciente, ese mismo día tiene una reunión súper importante de trabajo y el horario coincide con la hora de la consulta, o no lo recordaba y una hora antes de la cita te sonó la alarma del recordatorio del celular ó que el paciente si es tu papá o tu mamá o tu hijo ese día nadie más puede llevarlo y tú tienes una auditoria o ese día es el cierre de mes? También te ha sucedido? Todo se complica ese día.

Ese día es el más corto y más complejo de todo el año. Si?

Cuando al fin llegas a la cita mentalizándote de que ya estás ahí y que debes relajarte, que todo va a salir bien, que todo será más rápido y te dará más tiempo para regresar a lo que dejaste pendiente, en ese momento, al llegar a la sala de espera, zas! Hay muchos más pacientes que lo que imaginabas, la mayoría post operados o controles que pasaran primero que los de primera vez, y no lo sabias, y para completar el doctor aún no ha llegado porque se le presento una emergencia. Entonces inicias con la crisis interna y empieza tu mente a pasar lista de las más temibles preguntas: será que el doctor viene?, será que no voy a tener oportunidad de pasar a la consulta?, y yo con tanto que hacer, y yo que no quiero entrar porque si me dice que tengo algo malo? ..y será qué? .. y será qué?

Con toda esta carrera, se te olvido incluso todo lo que ibas a decirle al médico a tal punto que puedes llegar a pensar que el motivo es tan insignificante que hasta no hubiese valido la pena de pedir la cita. Todo eso y más eso es lo más común que suceda.

Sigues en la sala de espera, y durante ese interminable periodo de tiempo, que esos 20 minutos que llevas parecen 3 o 4 o 20 horas o toda una eternidad, percibes el aire frio más frio que nunca, un olor familiar a un medicamento que no logras precisar a pesar de que tienen el mejor aromatizador del mundo, un ambiente de suspenso y todos con la atención enfocada en un solo paciente que tiene la voz más gruesa y un tono de voz muy alto que está decidido(a) en relatarle no solo al médico sino que también a toda la audiencia de la sala de espera todas las súper inimaginables enfermedades que tiene o que ha podido superar haciendo que usted que está ahí con una aparente cara de relajado no sea así. En el fondo está más asustado que nunca. Siempre hay un paciente que se roba la atención de toda esa audiencia como si lo hubiesen contratado para distraerlos o aterrarlos.

Yo te aconsejo que te prepares anímicamente - emocionalmente para la consulta. Un ejemplo personal, claro con mis respetos a los odontólogos que yo les tengo aprecio, cariño, confianza y que sean mis amigos de la puerta para afuera, pero me da mi pá-ni-co ir al odontólogo. Aunque es aterrador, yo aun así trato de prepararme. Pero de esto se trata, de irse preparado de que el hecho de ir a su consulta es que le tengo un grado de confianza, y de fe de que me va a ayudar en mi situación de salud.

Ve a la consulta con un alto nivel de amigabilidad y confianza, pero siempre manteniendo el respeto. Yo lo comparo como cuando vas a encontrarte con un amigo o amiga, que ese día bien temprano te preparas para ahondar sobre un tema de conversación que tendrán, pues así mismo es.

Enfócate a lo que vas. Y cuando estén en el interrogatorio acerca de los detalles de tus síntomas que te están aquejando tu salud, sacas tu hojita muy elegantemente y lees. Así, sin más ni más. Eso no es de mala educación. No te de pena.

Uno como médico atiente muchos pacientes en el horario de 6 horas y hasta más. Todos con situaciones diferentes y difíciles y tú vas abierto a colaborar y aportar toda la información que deseas dar a conocer acerca de tu salud a alguien que desconoce lo que te está ocurriendo. Acá el más beneficiado eres tú. Nadie más!.

Todo esto le dará al doctor el tener más tiempo parte de la consulta que es examinarte que también es básico.

En algunos sistemas de salud actuales en varios países donde las consultas están ajustadas a unos escasos minutos si se invierte tiempo en el interrogatorio se le resta tanto tiempo al examen físico que a veces solo alcanzan a tomar signos vitales o a evaluar superficialmente la zona donde refirieron el síntoma dejando de realizar un examen médico general completo por aparatos y sistemas.

De allí, que también esta inquietud mía por ayudarles a estructurar una consulta médica que sea altamente efectiva para tí que es el primer beneficiado. Pero por qué digo el primer beneficiado? Porque si se realiza un buen diagnóstico esto conlleva a un buen y adecuado tratamiento y por su puesto una rapidez en la mejoría del paciente y por consiguiente bienestar para sus familiares.

Yo sé lo que afecta un estado de salud alterado o delicado de un paciente en un grupo familiar, es un factor detonante para las disfunciones familiares, por no decir, todo se vuelve un caos en casa.

Y mencionando a los familiares. Por favor de corazón este consejo, traten, traten de ir con 1 o máximo 2 acompañantes en caso de que el paciente sea un niño o un adulto mayor. Hay unos que se llevan a toda la familia y lo que hacen es distraer la consulta o empiezan a preguntar otras cosas para que se les haga a ellos una consulta adicional, y el paciente pasa a segundo plano.

Entonces el segundo beneficiado son "los familiares" y por último, no menos importante el medico también se beneficia, ya que puede acoplar mentalmente todas las piezas de ese rompecabezas para enfocarlo en un grupo de las enfermedades altamente posibles y decidir con seguridad y precisión el próximo paso a dar.

Volviendo a nuestra consulta. Llego la hora del examen físico.

Algo que le ocurre a mi mama es que al ver un médico o a alguien con una bata blanca, su tensión arterial se le dispara. Es como si le activaran el botón de "tensión alta". Ella en la casa se realiza los controles periódicos y están dentro de los valores normales, pero en las consultas se le modifican fácilmente. Entonces ella lleva el registro que ya ha hecho en casa y se los muestra, al igual que el registro de sus glicemias.

Esto es algo que también les recomiendo que lleven a la consulta médica. Días antes a la consulta, hagan un control de la tensión arterial en caso de que el paciente sea hipertenso o este con cifras tensionales alteradas para que el medico observe si el paciente está controlado o no con la medicación que ya tiene, y si no está medicado así con este record podrá saber qué tipo de medicación podría necesitar o si necesita de algún estudio adicional.

Entonces hagan el siguiente esquema registrando el día, la hora, la tensión arterial (T.A), la frecuencia cardiaca (FREC. CARD) y si presenta algún síntoma o no.

DIA	HORA	T. A.	FREC. CARD.	SINTOMAS
25 Enero-	7:12 am	125/77	88 por minuto	No
25 Enero-	8:50 pm	146/103	92 por minuto	No
26 Enero-	7:08 am	155/98	103 por minuto	Cansancio

*La frecuencia cardiaca es el número de latidos del corazón en un minuto.

Registren de 5 a 10 días las tensiones arteriales y si es posible dos veces al día, precisando la hora de la toma de la tensión, los valores exactos de la tensión porque hay una mala costumbre de mencionar 15/8 o 13/7, y así no son los valores de la tensión arterial. Entonces transcribirla tal cual la registra el tensiómetro. (Tensiómetro es el instrumento para medir la tensión arterial)

Debes registrar si en ese momento de la toma de la tensión el paciente presentaba algún síntoma como Cefalea (dolores de cabeza), nauseas, vómitos, etc., ya que son datos importantes para presentar en la consulta.

En el caso de una glicemia capilar observen el ejemplo:

DIA   HORA   GLICEMIA SINTOMAS OBSERVACIONES

02 feb - 6:45 am - 124 mg/dl   No   En ayunas

03 feb - 10:20 am - 66 mg/dl   Mareo   No

Día de la toma de la glicemia, la hora, el valor de la glicemia capilar, que es la glicemia que el paciente se realiza en casa con el glucómetro que es un aparato manual que permite realizar una glicemia rápida tomando una pequeña muestra de sangre resultados de un pequeño pinchazo en un dedo. Importante si en ese momento había algún síntoma o no como mareos, sensación de desmayo, cefaleas, nauseas, etc., y si está en ayunas o no en el momento de la toma de la muestra. En los casos de que el paciente se administre insulina es importante que lleven un registro de la glicemia.

Es importante también si el paciente tiene consigo algún equipo que permita recolectar algún fluido, por ejemplo el cistoflo que es una sonda estéril que va desde las vías urinarias externas a una bolsa recolectora para recolectar la orina, permitiendo medirla y vaciarla periódicamente.

También hay varios tipos de recolectores, en estos casos les recomiendo igualmente hacer un registro días previos a la cita.

Ejemplo con el recolector de orina:

DIA	HORA	CANTIDAD	CARACTERISTICAS
03Marz	7:10 am	175 ml o cc	Orina clara
03Marz	7:40 pm	250 ml o cc	Orina rojiza

Día, la hora del vaciamiento, la cantidad y para esto los recolectores tienen una escala que permite contabilizar fácilmente estos líquidos y por ultimo las características del fluido: color, transparencia (transparente o turbio), olor al desecharlo, etc.

Seguimos con la consulta, examen físico.

Acá, no sé si es que tenemos un imán con la ropa o la vestimenta que seleccionemos para ese día. Escogemos la más compleja de colocarnos y la de retirar. Nos colocamos la que tiene todos los botones del mundo, o a la que le cuesta salir la cabeza porque el cuello es muy estrecho, o para vernos más esbeltas nos colocamos la nueva faja modeladora de cintura y que solo se quita con ayuda… te ha pasado?

Lo más inimaginable se ve en la consulta en este momento del examen físico. En el baño duran una eternidad luchando contra las prendas de vestir para poder retirárselas. Hay unos consultorios, súper pequeños que no tienen baño y que en el momento del examen físico es ahí mismo, sin el paso al baño al cambio de su ropa.

Cuando son niños. Por Dios! A los pobres casi les desprenden las orejas retirándoles las camisas… Sí!!! Pero es totalmente cierto.

Ocurre que van porque les duelen las rodillas o tienen algo en los muslos o en las piernas, y cuando uno les pide que por favor se retiren el pantalón, este es tan estrecho que no les sale fácilmente. Es la lucha entre el pantalón y el paciente.

Ya les digo, unas locuras que ustedes ni se imaginan ó quizás sí, porque a ustedes les ha ocurrido. Y muy frecuente.

Si vamos a los zapatos. Nos llevamos el calzado que tiene doble hebilla y de paso que se traban o a los zapatos que les hacemos a las trenzas doble nudo y por su puesto el pie no sale a la hora de soltarlas, toco sacarlos sin desamarrarlas. Hasta sudan en esta lucha con la ropa.

Del aseo personal voy a hablar muy poco. Primero porque he tenido muy buenas experiencias con mis pacientes y asumo que eso les ocurre también a la mayoría de mis colegas, aunque puede que haya uno que otro que va sin prepararse porque no es parte de prepararse para ir a la consulta, pero en general sabemos que debemos bañarnos y asistir más aseados posibles.

Excluyo a los que por razones laborales sobretodo en el ejercicio de Medicina Ocupacional les programan sus citas en el horario laboral y deben salir del trabajo y pasar directo a la consulta, pero ya son cosas que resultan fuera de su voluntad. Recuerdo que me decían sobre todo los del área de la construcción que se sentían incomodos y que les disculpara pero que no habían podido pasar primero por sus casas antes de ir a la consulta.

Ya uno como médico hay momentos en que hace caso omiso a ciertos aromas ambientales y se superan rápidamente. Es parte del trabajo.

El examen físico debe ser completo, general y sobretodo que esté también dirigido a indagar acerca del síntoma por el cual el paciente acudió. Importante que se puedan obtener más datos que apoyen al diagnóstico probable que ya el medico tiene en su mente.

Bueno, pasada esta parte del examen médico. Ahora le toca al doctor hablar. Si, escúchenlo con atención, y lo que no entiendan de una vez le dices,…. no entiendo doctor, me lo podrías explicar mejor?

Pregunten, ya que es el momento de recibir el diagnostico con las palabras mágicas: Qué, Cómo, Cuando, Donde.

Si van con un familiar, y el si entendió, haga caso omiso. Usted es el primero que debe saber todo y bien claro.

Pregunten:

- Doctor, **QUÉ** es lo que tengo?, por favor que te lo diga con palabras sencillas que tu entiendas. Porque si sales con dudas, afuera la amiga de la comadre que una vez escucho algo que sonaba similar te dijo que era otra cosa y te montas una novela tipo Best Seller en tu cabeza por lo que te dijo la amiga y la verdad es que no se parece en lo más mínimo a lo que te dijo el doctor, que es algo sencillo y solucionable.
  Que te explique, pídale si es posible que te dibuje lo que tienes. Que te explique gráficamente.
  Bueno yo, dibujo horrible, pero a la mayoría de mis pacientes les escribo, les rayo, y si es posible les dibujo intentando que me salga bonito y entendible. A veces me da pena porque me piden que les de esa hoja toda rayada para llevárselas a la casa. Y si tengo un computador, mejor aún porque busco una imagen donde yo pueda explicarles más detalladamente al paciente y a sus familiares.

- **CÓMO** mejoro. Que debo hacer? que debo tomar? necesito algún estudio? como es ese estudio? que medicamentos necesito?

- **CUANDO** tengo el próximo control? cada cuanto debo venir? ó cuando debo ir para el estudio?

- **DONDE** es el estudio? algún requisito para el estudio? alguna reacción?

Muy importante que salgas con toda la información de esta parte de la consulta, porque después si no quedo algo claro puede que necesiten solicitar otra consulta para que les aclaren las dudas. Y cuando recibas la hoja de las indicaciones del tratamiento. Tómala, si la puedes leer mejor, en caso de ir acompañando al familiar fíjate que entiendas todo, porque normalmente nosotros los médicos tenemos la fama de escribir no mal, sino horrible, re-mal, ilegible. Así que trata de leer la medicación y **<u>pregunta si hay que modificar alguno de los medicamentos que interfiera con los que ya está recibiendo o si alguno está relacionado con el medicamento al que es alérgico.</u>**

Entonces es vital que hasta el momento hagas una evaluación de cómo ha sido tu cita, si te sientes satisfecho o no.

Pero no todo acaba acá.

TERCER PASO

DESPUES DE LA CONSULTA

Esto se trata de cuando cerramos la puerta del consultorio y decimos "ya la consulta culmino", salimos, adiós, y ya termino todo. Hasta acá fue mi consulta.

No!. Resulta que acá cuando ya salimos del área del consultorio del doctor queda pasar por el área de la secretaria o enfermera en otros casos, a confirmar de que nada quedo pendiente, que los récipes y referencias ya las tenemos en la mano y si debemos reprogramar la siguiente consulta y la posibilidad de agendarla o programarla de una vez.

Todo depende de cada país del cómo se maneje el sistema de la consulta por alguna empresa aseguradora o de manera particular. Si es por aseguradoras debemos solicitar la información del sitio para que autoricen los siguientes procedimientos, estudios e incluso medicamentos.

Pero les recomiendo no salir sin pasar por la enfermera o la secretaria. Sería el gran error.

Al salir debemos hacernos varias preguntas tales como:

- Valió la pena ir a la consulta?
- Me dio confianza ese doctor?
- Pudo ser mejor la consulta?
- Me parece bien lo que me dijo que tenía?
- Estoy conforme?
- Que me falto decirle?
- Vendría de nuevo a su consulta?
- Se lo recomendaría a otra persona?

Estas preguntas que como paciente te sugiero que te la hagas, uno como médico también se las hace cuando va a una consulta o cuando termina una consulta con un paciente. Por lo menos yo me las hago.

- Valió la pena esta consulta que hice?
- Le di confianza como doctor?
- Pudo ser mejor la consulta?
- Que tan preocupado me quedo con su diagnóstico?
- Quedaría conforme el paciente con mi consulta?
- Quede yo conforme?
- Que me falto decirle?
- Vendrá de nuevo a mi consulta?
- Me recomendaría a otra paciente?

Este análisis es reciproco.

Recuerda que al inicio les conté la experiencia de mi mama, que le pregunte como se sintió en una consulta y el resultado esa cita, y me dijo: me sentí que de broma perdíamos la ida. Para ese día no la había preparado para la consulta con el esquema que les estoy dando.

Ese día para ella respondió a esas interrogantes de la manera más negativa que jamás se lo hubiese esperado. No lo creen?

Respondamos esas preguntas:

-Valió la pena ir a la consulta? NO

-Me dio confianza ese doctor? NO

-Pudo ser mejor la consulta? SI

-Me parece bien lo que me dijo que tenía? NO

-Estoy conforme? NO

-Que me falto decirle? MUCHAS COSAS

-Vendría de nuevo a su consulta? NO

-Se lo recomendaría a otra persona? NO

Si evaluamos la otra consulta, donde ella estuvo orientada, donde ella no se sintió presionada en recordar los detalles del motivo de su consulta, donde fluyo su consulta con el mejor ambiente de amigabilidad, donde alcanzaron a examinarla y ella salió incluso con el deseo de felicitar al médico por su consulta. Estas son las respuestas?

-Valió la pena ir a la consulta? SI

-Me dio confianza ese doctor? SI

-Pudo ser mejor la consulta? NO

-Me parece bien lo que me dijo que tenía? SI

-Estoy conforme? SI

-Que me falto decirle? NADA

-Vendría de nuevo a su consulta? SI

-Se lo recomendaría a otra persona? SI

TODO UN ÉXITO!!!!.... ESTO FUNCIONA!!!!

Vamos a aplicarlo y veras la gran diferencia de cómo te sentirás como paciente y lo fluido que le será la consulta a mis queridos colegas.

Importante, al salir pudo haber habido detalles que te mencionaron y que las escuchaste pero que te gustaría guardar como dato importante para tu tratamiento o para evaluar la evolución de tu enfermedad. Entonces al salir escríbala. Tienes aun la información fresca.

Recuerdo que he tenido pacientes que lo hacen.

Hace poco tuve una paciente que en la consulta abrió una agenda y me decía, "Doctora háblame despacio para poder escribirlo con mi letra para que no se me olvide". Totalmente válido!.

En esta fase, pasamos de nuevo a la primera parte (capitulo 1) para volver a recolectar la mayor información acerca de los síntomas de tu enfermedad que posteriormente le llevaras a tu medico en tu próxima cita.

Esto es un ciclo. Por su puesto que la idea es que te sanes y que tus asistencias al médico sean más para fines de controles, algo más preventivo que curativo.

CONCLUSIONES

En esta guía he tratado de manera muy concreta de llevarte por un recorrido practico de cómo nos preparase para asistir a una consulta médica, desde el momento en que decidimos solicitar la cita hasta la asignación de la siguiente cita de control.

Organizar tus síntomas con anticipación, detallar las características según tu percepción, porque tú eres quien lo sientes, de tu motivo de consulta, y en el caso de que el familiar sea un niño o un adulto mayor, estén preguntándole con frecuencia cómo se sienten, y que les ubiquen la localización del dolor, serán tus herramientas para el diagnóstico que realizara tu médico.

El registro esquematizado de los signos vitales como la tensión, frecuencia cardiaca, temperatura, entre otros, el registro de las características básicas de los síntomas más comunes como en el caso del dolor, vómitos, etc., apoyándote en los cuadros mostrados serán fáciles de llevar a tu medico en la consulta.

El prepararse emocionalmente, anímicamente, podrás sentirte confiado, tranquilo, cómodo durante la consulta, podrás hacer incluso que tus signos vitales no varíen (no te suba la tensión arterial) y podrás asimilar todo lo que el medico te informe.

Te fijaste que no es nada fuera de lo común, nada imposible de realizar, sino que es más como organizar la información acerca de nuestro motivo de consulta de manera esquematizada y la llevaras al médico a la consulta evitando que ningún detalle se te escape, y así podrás ganar en la consulta tiempo para el examen físico y para cualquier información adicional que necesites con la indicación del tratamiento y estudios complementarios.

Entonces recuerde. Si tú vas preparado para informarle a tu medico de todo lo que te está afectando y de qué manera modifica tu estado de salud, el medico podrá obtener la mayor información y tú eres el primer y mejor beneficiado.

Es tu salud, y en ocasiones hasta por un pequeño detalle podría ser el más útil para salvarte la vida.

Si haces esto con frecuencia, te garantizo que hasta para en un caso de emergencia ya tienes toda tu información almacenada y fácil de llevarla y aportarla. Recomendándoles que tengan un sitio frecuente para almacenar toda la documentación médica. Ejemplo: una gaveta de tu armario.

Para mí la satisfacción en un buen resultado de una consulta siempre me entusiasma a seguir orientando y ayudando más al paciente. Usted no se imagina lo gratificante que es ayudar y más si te dicen que se sanó gracias a tus indicaciones.

Entonces, por qué no ayudarte con tu salud?, a que vayas más confiado a expresar todo lo que sientes y que tu mayor información que es el aporte del 60-70% de los datos necesarios para tu diagnostico. Tu te estas salvando la vida tú mismo.

Te dejo en las páginas siguientes los esquemas para que te sean más cómodos de visualizar y aplicar según tus necesidades.

Deseando que te haya ayudado en la misma proporción a mi intención por la cual escribí esta guía práctica para los pacientes ya que hay mucho escrito para médicos o estudiantes de medicina, pero para ti que te sientas del otro lado de mi escritorio no lo hay, entonces, te dejo mi email yusbethmorales@gmail.com para que me dejes tus comentarios y si tienes algún otro tema en el que te podría ayudar, me lo puedes hacer saber que con mucho gusto lo hare, así como también te podré hacer llegar más de mis próximas publicaciones.

Ha sido un placer tenerte en mi consulta.. Hasta la próxima cita!.

Besos

Yusbeth.

ANEXOS

CUADRO PARA REGISTRO DE DOLOR ó SINTOMA PRINCIPAL

- Ubicación del dolor:
- Fecha de inicio:
- Tipo de dolor:
- Intensidad:
- Duración :
- Localización:
- Atenuantes (mejoría):
- Agravantes:
- Otros síntomas asociados

CUADRO PARA REGISTRO DE OTROS PATRONES

DE LA SALUD

- Sueño:
  Dificultad para conciliar el sueño
  Poco sueño   Mucho sueño
- Apetito:
  Nada de apetito   Poco apetito   Mucho apetito
- Peso:
  Disminución o Aumento de peso
- Ritmo evacuatorio:
  Aumento o Ausencia de evacuaciones por días
- Cabello:
  Caída del cabello   Cambios del grosor
  Cambios en la coloración del cabello
- Estado de ánimo:
  Depresión   Llanto fácil   Angustia
- Ciclos menstruales:
  Regulares   Irregulares
  Fecha de último sangrado
  Sangrado abundante o Sangrado escaso
- Vitalidad sexual:
  Cambios en la frecuencia   Cambios en cada eyaculación
- Otros

CUADRO PARA REGISTRO DE DIARREA

- Motivo de Consulta: DIARREA

- Fecha de inicio:

- Frecuencia durante el día (número):

- Características: Color: Presencia de moco:

  Presencia de sangre:

  Liquidas: Blandas: Normales:

- Que permite la mejoría:

- Que permite el agravamiento:

- Otros síntomas asociados

CUADRO PARA REGISTRO DE VOMITOS (EMESIS)

- Motivo de Consulta: VOMITOS

- Fecha de inicio:

- Frecuencia durante el día (número):

- Características: Con o sin restos alimentarios:

  Presencia de sangre:

  Otros:

- Que permite la mejoría:

- Que permite el agravamiento

- Otros síntomas asociados

CUADRO PARA REGISTRO PARA FIEBRE

- Motivo de la consulta: FIEBRE

- Fecha de inicio:

- Frecuencia de la fiebre durante el día:

- Temperatura:

  Día   hora   temperatura

  Día   hora   temperatura

- Duración de la fiebre:

- Mejoría o agravamiento:

- Otros síntomas asociados

CUADRO PARA REGISTRO DE MEDICAMENTOS

HORARIO

•MAÑANA:

Ayunas

hora   Medicamento   presentación   dosis

Desayuno

hora: Medicamento   presentación   dosis

•TARDE

Almuerzo

hora: Medicamento   presentación   dosis

hora: Medicamento   presentación   dosis

•NOCHE

Cena

hora: Medicamento   presentación   dosis

hora: Medicamento   presentación   dosis

CUADRO PARA REGSITRO DE TENSION ARTERIAL

Y FRECUENCIA CARDIACA

- Día: Hora:

  Tensión Arterial: Frecuencia Cardiaca:

  Síntomas:

- Día: Hora:

  Tensión Arterial: Frecuencia Cardiaca:

  Síntomas:

- Día: Hora:

  Tensión Arterial: Frecuencia Cardiaca:

  Síntomas:

- Día   Hora:

  Tensión Arteria:l   Frecuencia Cardiaca:

  Síntomas:

CUADRO DE REGISTRO DE GLICEMIAS

- Día: Hora:

  Glicemia: Síntomas:

- Día: Hora:

  Glicemia: Síntomas:

- Día: Hora:

  Glicemia: Síntomas:

- Día: Hora:

  Glicemia: Síntomas:

- Día: Hora:

  Glicemia: Síntomas:

CUADRO DE REGISTRO DE RECOLECTORES DE FLUIDOS

FLUIDO:

- Hora del vaciamiento:

- Cantidad descartada en cc o ml:

- Características del fluido: Color: Olor: